변주, 청평의 저쪽

변주, 청평의 저쪽

정복선 제8시집

문예바다

| 시인의 말 |

오랫동안 이곳저곳 떠돌며 살아온 듯합니다.
오늘은 여기에 유르트를 짓고 생존하고 있으나
언제 이걸 거두어서 또 옮겨가게 될까요.

청평, 이라는 경계를 넘어서,
유목의 맨 처음, 혹은 다른 차원의,
그 원형적인 시간과 공간을 향한,

저녁노을빛 연주를 들려주고 싶습니다.

2023년 감국향의 가을날
정복선

| 차례 | 변주, 청평의 저쪽 |

시인의 말 _ 5

1 • 헌화가獻花歌

시詩 _ 13

헌화가獻花歌 2 _ 14

수로水路, 수로修路 _ 15

보름달을 뒤집어 보세요 _ 16

비로소, 소풍이다 _ 17

차마 부르지도 못한 이름 _ 18

구두화분 한 켤레 _ 19

어느 기타 장인에게 드리는 질문 _ 20

수렵채집의 기나긴 꿈 _ 21

노각나무 꽃시회詩會 _ 22

시드 볼트Seed Vault _ 23

창밖에 헌화가獻花歌를 _ 24

헌화가獻花歌 1 _ 25

2 • 달항아리 깨지다

블랙홀에 떨어지는 물소리 _ 29

가시의 선물을 받았습니다 1 _ 30

가시의 선물을 받았습니다 2 _ 31

제망매가祭亡妹歌 2 _ 32

제망매가祭亡妹歌 1 _ 33

연기법緣起法 _ 34

희망, 무망無望 _ 35

공무도하가公無渡河歌 _ 36

그 역驛이 사라지다 _ 37

달항아리 깨지다 _ 38

죽로차竹露茶 _ 39

옛사랑, 자동차 _ 40

거미, 거미줄 _ 41

3 • 카이퍼 벨트에서 헤매는

십만 평의 들꽃 _ 45

아무 곳이나 다 도원 _ 46

임신서기석壬申誓記石 _ 48

만복사에서 매월당에게 묻다 _ 50

1%, 원초적인 _ 51

알리바바 따라잡기 _ 52

우물을 떠나와 달이 되다 _ 53

겨우살이 _ 54

카이퍼 벨트에서 헤매는 _ 56

모과 크로키 _ 57

인왕제색도仁王霽色圖 _ 58

유영국의 「무제」 _ 59

옛사랑, 화석化石 _ 60

가을, 회동하자 _ 61

이데아 _ 62

4 • 시詩 줄게, 꽃 다오

맑고 향기롭게 살기 法頂戱법정희 _ 65

한 사람의 품, 만 사람의 품 _ 66

구름을 잉태하다 _ 68

향기를 품는 잔 _ 69

성덕산 관음사까지 _ 70

달에게 묻다 _ 72

바위에 새긴 노래 _ 73

벽화의 시간 _ 74

왜, 음악인가 _ 75

은근슬쩍 _ 76

뜨거운 피 다 식었다 _ 77

사라지는 이야기 _ 78

춘향일지春香日誌 _ 80

시詩 줄게, 꽃 다오 _ 81

아다지오 칸타빌레 _ 82

해설 | 꽃의 원형을 찾아가는 유목의 시간 … 고명수 _ 83

1

헌화가 獻花歌

시詩
— 들장미, 로사 카니나 Rosa Canina

야생의 숲은 동쪽 끝에 잠들고

수백만 년간 지켜 온 연분홍 말간 미소는

장미연금술사의 손에서 조작된 기호로 변해 버렸다

가시넌출로 무작무작 뻗어 가는

그 원형질의 향기와 말씀

누가 먼저 원초적 힘을 버렸나 진화의 항해를 떠나며,

해마다 변화무쌍한 모르는 얼굴들이 되어서야

내 탓 네 탓 모두의 탓

몰록, 마법의 잠에서 깨어나 순정한 눈 뜰 수 있을까

들끓는 색채의 섬광을 벗는 순간,

헌화가 獻花歌* 2

그대 창밖에 노래를 심어요

어제는 은방울꽃 그제는 수선화 오늘은 또 범부채꽃

매일 다른 새소리로 노래합니다

원시림 속을 헤매며 먹을거리에 급급했을 때도

독사와 여우의 가시덤불 숲에서도

꽃을 맨 먼저 발견한 사람

옷자락에 캐고 담고 싸안고 온 사람

둥지에 남아 뒤척이는 자를 위하여

거듭거듭, 유목의 허술한 둘레마다 마음 심어 두고

비바람 속을 헤쳐 가는 한 사람이 보이시나요

*신라 향가에서 가져옴.

수로水路, 수로修路

누가 내게 꽃을 꺾어다 줄 것인가, 묻는 당신

태풍 속에 날개를 펴는 신천옹信天翁처럼

절벽이든 못[池]이든 바다 속이든,

이 벼락과 해일*의 길을 통과해 가야 하리

*서정주 시 「꽃밭의 독백-사소 단장」에서 가져옴.

보름달을 뒤집어 보세요

이 긴 밤이 지나면 타오르던 장작불꽃도 시들어
몇 날 며칠 헤맴 끝에서 태어난
첫 모험 한 점 만날 수 있겠지요
혹여 거친 눈빛 한 방울 떨어뜨리지 않았을까,
지나친 열망의 재가 원망願望을 휘덮지나 않았을까,
목욕재계하고 드디어 보름달을 만납니다
혹여 당신이 이미 길 떠난 후라면,
이 단심丹心이 발굴될 다른 생이 오겠습니까
남몰래, 접시 밑바닥에 그려 둔
들국화 한 송이의!

비로소, 소풍이다

열매가 되는 거야?
호텔 캘리포니아*에 가서 위태로운 한철을 보내고 오니
대숲바람이 너덜거리는 옛 앨범 사이에서 튀어나온다
노인들이 깔깔거리며 마당에서 그네를 타고
미지의 아이들은 엽서에 만년필로 한약처방을 쓴다
사냥을 떠난 사람은 등꽃 목도리를 두르고 입성하고
태초로부터 날아온 말씀이 모래가 된 뜰
무릎 꿇은 낡은 초록치마
비로소, 소풍이다
해바라기 한 송이의 반경 그 사유만큼의 궤도 밖으로

*Hotel California : 록 밴드 이글스의 노래 제목.

차마 부르지도 못한 이름

무엇이 내게로 와서 꽃이 되었나
울타리 밖엔 언제나 돌풍, 피할 수 없는 행려行旅뿐
영혼을 가두지 못한 몸에 안 맞는 옷을 입은 채
누항陋巷 골목길을 겁 없이 다녔다
잘 가꾸어진 여름정원은 이르지 못할 그림이었지, 그땐
이름을 부를 엄두도 못 냈었지, 그땐
이젠 레트로 카페/음반가게가 숨 쉬는 그런 골목에
미답未踏의 그 꽃이 숨어 있었다!

구두화분 한 켤레

더는 떠돌지 않으리

구두에 흙 담고 꽃을 심어 대문 밖에 걸었지

섣부른 신발의 항해, 젖은 발과 타는 입술의 별자리들 따라

참을 수 없는 기항과 암초, 폭풍의 암전暗轉

오래 비추이던 불빛이 꺼지고 지구는 한참 늙었어도

흙과 풀이 쌔근쌔근 잠자는 곳

나란히 걸린 뭉그러진 구두에서 작은 꽃 흥얼거리지

마르세유 삼백 년 된 계단과 좁은 골목길

그만, 뛰쳐나가지 마,

떠도는 이들에게 풀꽃시간을 들려주려는 거야

어느 기타 장인*에게 드리는 질문

맘에 꼭 드는 기타를 몇 개나 만들었는지
얼마나 섬세한 음감에 이슬과 꽃잎과 방랑을 다 바쳤는지
사유하고, 흩날리는, 손가락들에게
얼마나 대신 물을 흘러넘치게 했는지
모든 물을 다 뿜어낸 후에야
알프스와 옛 성城들과 사막을 답사한 후에야
필생의 작업을 마무리했는지
우러러 바라보던 샹그릴라 그늘 쪽으로
훌훌, 가벼이 여행을 떠나려 했는지
뉴호라이즌스호의 운명을 따라가려 했는지

*다니엘 프리드리히Daniel Friederich : 프랑스 클래식기타 제작자.

수렵채집의 기나긴 꿈

꽃 피우기에 온 유목의 시간을 바쳤습니다

꽃을 바치기 위해 오늘은 가위를 들었지요

그대여, 어떤 노래를 원하시나요

벼랑 아래 동고동락으로 짙어진 뜸부기 울음, 어떠세요

휘파람새 소리 자욱한 높은 우듬지는요?

이 첩첩 기나긴 두루마리를

찬찬히 펼쳐 보고 감상해 주실래요

지상에 마지막 유르트를 짓고 있는 지금

노각나무 꽃시회詩會

우리, 하얀 꽃그늘에서 만날까요
숨찬 향기로 물드는 저녁 다섯 시
아직 피어 있는 꽃송이들보다 더 간절한
뚝뚝 떨어지는 꽃송이들의 헌정獻呈의 노래
한 음보씩 베끼어 악보를 그릴까요
헤어지면 다신 만날 수 없는 두물머리 너머
삐피이~ 첫새벽에 우는 풀벌레처럼
어르고 달랜 질펀한 이야기를 하얀 잔盞에 띄워 볼까요

시드 볼트 Seed Vault*

나와 그대가 만신창이 몸뚱어리로 헤어질 때
삼세三世에 꼬옥 저장하고 싶은 것은
눈비에 젖어 삭아 가는 눈 코 입은 아니고
어깨 들썩이는 두루미춤도 아니고
유목을 따라가는 피투성이 맨발도 아니고
해와 달과 함께 벌인 이 땅의 자전과 공전 놀이
그 어느 것도 아닙니다
다만 끝까지 나를 두드리는 한 줄기 파동,
아니, 꽃씨를 품기 위한
그 은빛 변신술의 찰나입니다

*기후변화로 인한 자연재해, 전쟁 및 핵폭발과 같은 지구 대재앙 등으로부터 주요 야생식물의 멸종을 막고 유전자원을 보전하기 위하여 세운, 종자의 영구적 저장시설. 우리나라와 노르웨이 두 곳에 있음.

창밖에 헌화가獻花歌를

당신의 창밖에 헌화가를 심는다
꺾이기 쉬운, 무구無垢한, 몸살 앓다 떠나간,
그 목숨의 높낮은 신음소리에 오래 괴로웠다
비밀한 건축술로 스스로 상처를 채워 가는 꽃나무들이
나의 스승이다, 실의를 버리고 또 심는다
인터스텔라의 전령傳令같이, 처음같이, 문 두드리는 꽃들,
폭우 장마가 지나자 꽃밭에서 모두 희희낙락이다
꽃이었나, 풀이었나?
아뿔싸, 무엇이 내 것이고 무엇이 神의 것인지,
태초의 덤불숲이다 다시,

헌화가獻花歌 1

누구에게, 왜, 꽃을 바치려 하십니까?
저무는 들녘에서 방랑을 마치려는 당신
어느 시렁 위에 청춘의 기찻길 얹어 두고서
꽃이슬 가시풀 범벅의 신발로
만나지 못했는지 설핏 엇갈렸는지 알 수 없는
다른 생의 꽃 한 송이 찾기 위해
천길 짙푸른 벼랑, 추락의 껍데기들을 디디고
여직 기어오르고 있습니까?

2
달항아리 깨지다

블랙홀에 떨어지는 물소리

아직 8월이 다 가지 않았는데
가을바람이 물소리 내며 몰려옵니다
뉴욕세계무역센터 두 동이 서 있던 자리에 건축된
911 메모리얼 파크 pool 두 곳
네모난 구멍 속으로 떨어져 내리는
쇼팽의 피아노협주곡 1번 2악장 Romance
폭포수 소리가 다른 차원으로 파동 쳐 나가는 동안
울컥, 심연深淵은 깊어져 갑니다

가시의 선물을 받았습니다 1

　사랑의 보褓에 가시의 선물*을 싸 주는 걸 정말 원치 않으신 건가요

　저는 목숨도 밝음도 어둠도 모조리 사랑의 보褓에 싸 주길 원합니다

　너무 가깝고 너무 아득하고 너무 숨차니

　꿀벌 잉잉대는 헛개나무 꽃잎에 싸 주세요, 제발,

*만해 한용운 시 「차라리」에서 가져옴.

가시의 선물을 받았습니다 2

마치 물고기가 덥석 낚시에 걸려 허공에 매달리듯
왜, 태어났는지, 어떻게 살아야 하는지,
부모미생전父母未生前의 본성도 알아채지 못한 채
아무런 가설도 증명이 안 되어 몸부림치며 새 호흡법을 배웠다
한 번 다친 자국은 빗살무늬로 남고
계속 다른 무늬들이 새겨지며 땅을 점령해 갔다
공활한 이 몸과 마음에 온갖 도해圖解가 생겨났다
비의祕義의 고대문자들 같은,

제망매가祭亡妹歌* 2

배를 탄 사람아

그대가 떠난 후에야

남겨진 자목련 꽃잎들이 일제히 공중을 향해

산불처럼 타오르는 마지막 불꽃놀이임을 알았네

꺼져도 꺼지지 않는 사랑임을 알았네

그대는 다시 오지 못하므로

내, 그대 떠나간 이름 없는 항구**에 가야 하리

황도 12궁 별자리들 사이로 노 저어 가리

* 월명사가 지은 향가에서 가져옴.
** 박목월 시 「목련꽃 그늘 아래서」에서 가져옴.

제망매가祭亡妹歌 1

당신이 휘문이해서 나누어 준 자목련은
눈발 속에서 두렵게 생사로生死路를 건너가고 있는데요
그날 아침 통화에서 나는 간다, 라는 말도 안 했지요!
세찬 바람에 뚝, 떨어진 이 천길 적막,
당신의 아라비안나이트 속에서는 아직도
아린 사랑과 모험의 스토리가 끝나지 않았을 텐데요
어쩝니까, 한 가지에 나서 우두망찰 허공을 헤집다니요
매달 보름달과 해후하듯이
아으, 그곳에서 다시 만나 익숙한 농담에 다시 웃으리
한 가지에 나란히 맺힌 저 꽃눈들처럼!

연기법緣起法

세상이 나를 찍고 베어 내고 켜고 다듬네
기둥을 세우고 서까래로 이네 대청마루로 놓네

세상이 나를 빻고 빻아 명사산鳴砂山의 모래로 날리네
흩날리며 우네 사막 너머 투르판의 포도나무를 키우네
푸른 열매, 건포도가 되네

세상이 나를 덖고 볶고 찌고 말리고 삶아서
나물도 만들고 차茶도 만들고 약도 만드네

손가락에 남은 지문 희미하네
내 어머니도 그러하였고 내 딸 또한 그러하겠네

우울한 날에는 혼자서 구름을 덮고 눕다가
문득, 말을 타고 달려 나가네

희망, 무망無望

헤엄칠 줄도 모르는데 강물을 건너려면

무작정 뛰어드는 사람, 수심을 재며 살살 걸어 보는 사람

나무토막이라도 붙들고 개헤엄이라도 쳐 보는 사람

그때는 그냥 강물을 건너려 했고

꾀를 낼 줄도 몰랐다

아차, 물살에 떠내려가다가 문득

희망, 이라는 지푸라기라도 잡아채려 했다

희망이라는 구슬 속 허방을

오, 어찌 알았으랴

쪽배를 띄우시라, 그대

공무도하가 公無渡河歌

떠나가십니까 그대

유성우 무장무장 떨어지는 봄밤

산국 꺾어 바친 홍수아이의 엄마도

지구 구석구석 뒤틀린 지층에 묻힌 젊은 핏자국도

맹골수도에 휩쓸린 봉오리들과

좁은 골목길에 흩어진 청춘의 청자 사금파리들

다뉴브강가에 벗어 둔 신발들

떠도는 난민들도

어찌할꼬, 꽃잎들 저리 떠내려갔느니

언제 공후箜篌를 타며 돌아오시렵니까, 님아

그 역驛이 사라지다

봄눈에 아린 꽃눈을 내밀어 본 곳
그 역에 내린 지 이십여 년 삼삼오오 앉아서
지나온 철길과 역들의 모래바람을 토해 내던 곳
태풍에 떠밀려서 뒷걸음칠 때에
빠르게 떠나가는 기적소리에 하루를 베이던 곳
무연無然히 주저앉았다가 다시 행성들을 따라 항해하려던,
아으, 그 역이 지구에서 영영 사라지다니
한 량輛의 나의 정신은 어느 역까지 가야 하나요?

달항아리 깨지다

쨍, 달항아리 하나 백척간두에서 미끄러져 산산조각 났다

달콤새큼 짭짜름 향긋함, 만년 밀물썰물 배인 한 사람이

띠풀 도롱이 걸치고 총총 떠나간다

청계천이 휘이~휙 휘파람 불며 따라가 버렸다

죽로차 竹露茶
— 윤두서 자화상

대숲에 비바람 치고 뇌성 번개 인다
한 사람이 북극성을 응시하고 있다
어디선가 가지들 함부로 찢어지고 텃새 떼 달아난다
한 사람이 듣고 있다
세필細筆에 어둠을 찍어 수만 가닥의 울음소리를 그린다
뿔뿔이 흩어지고 일어서는 소리 끝자락마다
숨차 오르는 묵향 빛, 시위가 팽팽히 당겨져 있다
언제고 허깨비 과녁을 부수어 버릴,
투두둑, 몇 세기의 서릿발을 거침없이 건너와서
댓잎, 이슬, 을 꿰뚫는 눈빛!

옛사랑, 자동차

납작 쭈그러진 폐차들이 켜켜이 포개져 실려 간다
남녘 섬에서는 붉은 동백꽃이 찰나찰나 지고
오래된 백련지白蓮池에서는 무심히 연꽃이 벙글 동안,
순명順命 혹은 거슬러 오름
한마당 놀이패였거나 장돌뱅이였거나
중중무진 출렁이는 도로망網을 누빈 게 언제 일인가
오체투지로 엎드린 저 사랑,
히말라야를 넘어간다

거미, 거미줄

유난히 거미줄이 많네, 잦은 비 탓인가
내 살림의 영역 안에 들어온, 집 안 곳곳에 포진한,
거미줄에 내가 걸린 건지, 나의 거미줄에 거미가 걸린 건지,
명절에 대청소라고 창문 앞 소나무에 쳐진 것들을
빗자루로 싹싹 쓸어 냈다 하루 지나도 그대로다
어떤 거미는 온종일 수직의 줄에 매달려 그냥 있다, 배고프겠다
다음 날 보니, 우와~, 전보다 더 반짝이는 거미줄 기하학!
한, 둘, 셋…, 무당거미들이 여기저기서 집들이를 할 기세다
졌다, 내 방 눈에 띄는 곳, 식탁만 빼고
빨랫줄마저 공유다

3
카이퍼 벨트에서 헤매는

십만 평의 들꽃

선물은 늘 형이상학이다
태어남부터 지금까지 총총 빛나는 별자리들이다
온 산 헤맨 신열의 꿈으로 밤새 구워 낸 찻잔에
분홍빨강 꽃잎을 따르고 싶을 때,
뜰에 나가 보라,
누군가 십만 평의 들꽃을 피웠으니!
가시와 얼음이 버무려진 황토로부터
사무치게 돋아나는 풀빛 이름들

아무 곳이나 다 도원

이곳이 도원桃源? 아무렴 도원이지
벼르고 별러서 온 곳이니,
밥 지을 일 없이 간호사실에 주문한 대로 식사가 나오고
환자와 더불어 온종일 뒹굴뒹굴
어디 갈 필요도 없고 갈 생각도 없고
배고프면 먹고 졸리면 자는 선사禪師처럼,
흰 담벼락은 사뭇 아스라해서 사이프러스 나무들
사이로 쏟아지는 햇살 한 줌에
가져온 시집이나 산문집 읽고
핸드폰 뉴스, 카톡, 사진, 멜론이나 검색하고

여기저기, 분수 흩어지는 못에 대리석 연꽃수반에
마음 밑바닥의 상심 회심 여여심如如心을 꺼내어
던진다, 하나, 하나, 동전들처럼
아무리 던져도 소용돌이치며 가라앉는다

복사꽃은 그림자도 떠오르지 않고,

하루는 저리 투박하고
벽을 둘러싼 덩굴은 무진한데
흠모했던 그 많은 달빛들은 삭은 명주실이다,
지루한 표류도 이내 끝날 때가 온다
지나가고 나면 울새울음만 귓가에 남겠지

수반에 초승달이 빠져 헤엄칠 무렵
마침내 손끝에 꽃잎 한 점 밀려온다면, 그곳이 도원,
아무 곳이나 다 도원이야

임신서기석 壬申誓記石*

  맘으로 맺은 이 풀잎을 어디다 새길까, 나무? 성벽? 아니 돌이 어때?

  포스트 팬데믹 빡빡한 스케줄, 공연을 앞두고 불면의 연습 또 연습, 저 뜨거운 환호와 눈빛들! 이 길 아니면 달리 어느 궤도를 달릴 수 있을지? 불확실의 시대, 처음의 다짐대로 함께 죽고 함께 살자꾸나

  숨차게 능선을 오르내리며 활시위를 당기며 훈련하고 저녁이면 해자垓字 너머 타오르는 노을, 별 달을 사랑하며 혜성을 쓸며 밤하늘을 해독解讀하지

  다시 천년 이천 년 후까지 우리의 「피땀눈물」** 우정을 전해 보자

*임신년(612년으로 추정) 6월 16일 길이 30㎝ 정도의 냇돌에 두 화랑이 5줄 74자로 새긴 충성과 학문 연마의 맹세로, 경주 석장사 터에서 1934년에 발견됨.
** BTS의 노래제목에서 가져옴.

만복사에서 매월당에게 묻다

그 밤, 부처와 저포놀이를 한 건 누구였나요

마음속에 타는 불길을 금오산까지 품고 가서 이야기 한 편 쓸 때마다 불을 끄고 또 끄고 있었거나,

풀밭에 뒹구는 건 타 버린 시편詩片뿐입니다요

이겨서 받은 상賞이 바람결에 실려 오는 이 배꽃향기이거나,

1%, 원초적인

공을 그가 그냥 잘 차는 줄만 알았다
골 순간을 편집한 영상을 보고야 깨달았다
1%의 영감, 이라는 뜻을

그건 분명 후각이다
공을 냄새 맡고 기하학적 선線상으로 돌진하는
수렵의 길이다
무용총 수렵도 기마무사騎馬武士의 감각,
장애물 사이 이리저리 휘감아 도는 바람 혹은 진동

태초의 두려움에 대한 대적이다
타오르는 눈을 향하여
명적鳴鏑을 쏘아 올리는 순간의

단 몇 초,
원초적인 번쩍임이다

알리바바 따라잡기

몰랐구나
이리 많은 별들이 웅성거릴 줄
한꺼번에 몰려와서
한 줄로 꿰이려고 아우성칠 줄은
밤 내 뉴런으로부터 쏟아진 별들을
한 말 한 말 되다가 깜빡 잠들었다,
아침햇살에 빌려온 말을 돌려주었는데
밑바닥에 빛나는 별 조각 하나가 붙어 있었다니!

우물을 떠나와 달이 되다

머그잔에 실금 커피 빛이 묻어 있다
이것은 작은 우물, 우물에 금이 갔네
우물, 또 우물, 을 벗어나면
창밖에는 늘 눈보라 치는 새벽이 있었다
우물을 깨뜨리고 떠나간 그대
갇힌 날들도 맑은 물을 길어 올린 날들도
바다 쪽으로 떠내려간 뗏목도
방랑 끝 처음 장소에 뜨는 달이 되다니,
달빛이, 그믐달 초승달 반달 보름달
실금을 따라서 줄넘기를 하네

겨우살이

바람이 불었다

헤맬수록 더 헤매고 싶었다

부대낄수록 더 부대끼고 싶었다

바람의 어깨 너머 더 높은 가지에 이르고 싶었다

높고 거친 험지일수록 머물고 싶었다

아찔한 낭떠러지일수록 발붙이고 싶었다

참나무 껍질 구석에 묻어 둔 마음,

떨며 비 맞으며 막힌 곳에도 틈이 생겼다

아, 겨울! 그대들이 대지 위에서 거니는 동안

홀로 세상과 격리된 만큼 점점 부풀어

어느새 치렁해진 머리칼 사이사이

노란 꽃망울들이 맺히네…… 피어나네

춥고 배고픈 하루가 노란 열매로 노숙露宿하네

나는 높이*를 가졌다, 벼락의 눈을 가졌고 깊이*를 가졌다,

새들이 와서 목숨을 적시면 먼 데로

또다시 가뿐히 따라가는 성성적적惺惺寂寂이라네

*'높이'와 '깊이'는 한영옥 시 「백송 근처」에서 가져옴.

카이퍼 벨트*에서 헤매는

그렇게 잊지 않고 싶었던가

이생에서 딱 한번 찔린 상처가 낫질 않아

영원처럼 떠도는 곳마다 눈꽃 흩날리는,

지금 어디만큼 맴돌고 있는지 알고 싶어도

눈물이 운석隕石이 되어 가도

깨진 조각의,

혼자만의 닫힌 별,

어디를 돌든 그저 허적한 명왕성의 변두리일 뿐

우우, 사랑! 이었다고 믿었던 포영泡影

되돌아가고 싶은 첫 궤도가 어디냐

*Kuiper Belt : 해왕성 너머 수백만 개의 얼음 천체와 왜소 행성이 있는 지역. 명왕성이 이곳에 속함.

모과 크로키

다시 살아도 아마 모과처럼 담백하게는 못 살겠지만
언젠가 폐사지에서
그닥 예쁘지도 않은 꽃잎 피우고
체념인지 투정인지도 모를 열매를 울퉁불퉁 키우며
화살도 맞고 돌팔매도 견디고 날밤도 새우면서
아무런 별 곳도 아닌 풀덤불 뜨락에서
묵묵히 제 향기를 꾹꾹 눌러 담으며
못난 생김새를 더러는 불평해 보았을지도 모를
그럼에도, 최후의 보루인 향기만은 끌어안고서
마침내 그대에게 돌아가려 하는

인왕제색도 仁王霽色圖
— 이건희 컬렉션

긴 꿈[夢遊]에 동행해 주신 당신,

엊그제 그린 그림에서는 묵향만 폴폴 날리는데요

누군가의 그림자만 따라다닌 젊음에 가려 안 보인 당신

종심從心이 지나고서야 의심을 걷고 민낯을 만납니다

가뭄에도 소나기 속에서도, 방금 피어난 붓꽃처럼 빗물 뚝뚝 듣는,

마음벼루에 먹은 넉넉히 갈아 놓았습니까

수십 년 되풀이한 운필運筆은 손끝에서 놓으세요 금강산 골짝골짝 누빈 발걸음도 잊으십시오

평생 스스로 놓은 덫에 걸린 날짐승들을 풀어 줍니다 난생처음 듣는 울음소리가 화폭을 뚫으니

화들짝, 바위봉우리와 나무들도 놀라 깨어나는,

그냥 인왕산그림이 아닙니다

유영국의 「무제」

환한 어둠이다 어두운 푸름이다

그는 늦게까지 잠들지 않았고 어느 새 한 마리도 일찍 깨어나지 않았다

텅 비어 있었다 그저 가득 차 있었다

아무런 소리도 들리지 않았다 지구도 운행의 숨소리를 죽였다

일찍이 푸름, 보랏빛 푸름, 진한 푸름, 캄캄한 푸름의 태초太初

하늘과 산과 바다가 있었다

천 강에 천 달이 있듯이, 매화꽃잎 같은 그리움이

하늘에 하나, 바다에 실눈 감고 또 하나,

일망무제一望無際, 차안此岸보다 흐릿하고 피안彼岸보다 뚜렷한

신神과 나, 달도, 그 무엇도, 괴롭지 않다

옛사랑, 화석化石

두 달여의 장마에 쌓아 올린 석축이 길까지 무너져 내렸다

원시原始 정령精靈의 눈물샘을 건드렸는지 없던 폭포수가 쏟아졌다

만년지층이 삐져나온 돌무더기, 모래물결, 사이

어머니가 남기신 은사銀絲 장미꽃 브로치

가을, 회동하자

친구들은 이 가을을 어찌 견뎌 내는지
구불구불 넘어온 구릉과 구렁은 점점이 바래 가는데
한 친구는 몇 년째 남쪽 끝 청산도에 매여 있고
한 친구는 광한루 북문 밖으로 낙향했다네
어쩌다 바람결에 불려 다니는 뭉게 뭉게구름
사십여 년 우리네 타향살이가 몽환포영夢幻泡影? 그래,
저녁 어스름 너머 별똥별 한둘, 빗금 긋는구나!
나비가 꾼 꿈, 이라 해도 하늘바라기로 서 있을 뿐
　지금, 북녘 남녘에서 달려가 광한루 못가에서 만났
으면,
　조곤조곤 '모란동백' 노래라도 들려주었으면,

이데아

아침부터 날아가는 곳
햇살과 나무 그림자를 헤집고 날아가는 곳
저녁에도 날아가는 곳
어둠을 무릅쓰고 날아가는 곳
아무 길도 없는데 비행운飛行雲도 안 남는데
허적虛寂함만 가득한데 별들만 만겁萬劫을 떠도는데
오늘도 비스듬히 날아간다
비가悲歌 대신 푸른 울음을 뚝뚝 떨구며,

4

시詩 줄게, 꽃 다오

맑고 향기롭게 살기 法頂戱법정희*

좀 늦었어요 어떡하지요?
붓을 깨끗이 빨아 봐도 먹물이 가시질 않네요
벼루도 깨끗이 씻어 정성스레 먹을 다시 갈아 봐도
붓질이 들쑥날쑥 뜀박질 칩니다
점점이 떨어뜨린 실수와 구김살
새 눈밭에 쓰려 해도
쫓아가 봐도 제자리입니다
화선지 위 저 향기로운 자취,

*길상사 진영각의 법정스님 친필

한 사람의 품, 만 사람의 품
— 길상사

진영각眞影閣 툇마루에서 한 청년을 본다
사람들이 주욱 방문을 열고 들어가도 담담하다

법정스님의 진영에서 보리수 바람이 일고
낡은 승복에는 오랜 수행의 물빛 시간이 머문다
염주와 발우, 다기, 쓰시던 일상생활 도구들, 원고,
또 액자 '맑고 향기롭게 살기 法頂戱법정희'가 정갈하다
출간하신 책들, 그 속에 남기신 말씀과
어느 해 법회를 마치고 가시던 스님의 모습 떠오르는데

 극락전 뜨락 화분들에서 희고 붉은 연꽃들이 피네
 한 사람의 품에 있던 인드라망의 구슬이 만 사람을 비추니
 만 사람의 품에서 한 송이, 두 송이…… 연이어 연꽃으로 피어나네

혼자서, 누구와 같이,
오며 가며 이곳에 와서 두 손을 모으며
언제나 마음은 조선백자사발에 '눈이 푹푹 쌓이는 밤'*

난생처음 이곳을 방문한 20대, 10대의 두 손자들은
무엇을 몸과 맘, 의식 층에 총총 저장해 둘까
아직은 괴로움의 그물에 걸리진 않았으나
십 년 이십 년 후쯤이라도 어느 가뭄의 지친 날에
이곳을 기억해 내고 다시 찾아온다면,
저 후드득 듣는 법우法雨를 만나게 된다면,

   스님의 나무의자는 비워 둔 채 툇마루에 혼자 앉아 있는 청년처럼

   맑고 향기롭게 사유하는 푸르른 싯다르타가 이곳에 머무르신다

*백석의 시 「나와 나타샤와 흰 당나귀」에서 가져옴.

구름을 잉태하다

어린 날 높이뛰기 연습을 했다
홍길동전을 읽고 난 후였지, 아마
자라는 옥수수를 매일 천 번씩 뛰어넘었다는 그,
어린 옥수수를 넘는 나의 재미는
점점 한계점에 다다랐겠지
고치를 찢으려고 꿈틀거린 나비의
유년은 잊혔으나 밭이랑의 옥수수를 볼 때마다
더 도움닫기를 했더라면 더 높이뛰기에 전심이었다면,
흔들리네, 이마에는 깃털구름이
무릎에는 구름을 잉태한 목화꽃이

향기를 품는 잔
— 문향배聞香杯

웬 향기지?
아하 냇가에 늘어선 헛개나무들
올망졸망 희푸른 꽃들과 엉킨 작은 꿀벌 떼들의
잉잉대는 소리
멀리 이니스프리 섬을 그립게 하네
좋은 향은 쉬이 생기는 게 아니고
밀물 썰물과 같아서
어떤 사람과 잔盞에선
잉잉잉, 작은 벌 떼들의 군무群舞소리가 물결친다
묵은, 새로운 이야기가,

성덕산 관음사*까지

　아홉 정자에서 쉬고 열 번째 정자에서 아흐레를 머물렀다
　낙안 해변에서 관음상**을 만나
　망설임도 무거움도 모르고 등에 업고
　고향땅 옥과玉果 쪽으로 가고 있었지
　문득, 바람 속에서 튀어 오른 물고기 한 마리에 이끌려
　무심중에 산 넘고 물을 건넜다 동인지 서인지, 북인지
　해마다 달마다 사무치던 일은 아흐레 동안 달빛에 풀어내어
　풀빛자리에 묻었으니 잘한 일은 모두 달의 일,
　마침내, 하늘재를 넘어서
　맞춤한 자리, 삼세三世의 돌짐을 부려 놓는 저녁이다

*성덕보살이 개산조이자 창건주. 백제 이래 내륙의 유일한 관음영지가 됨.
**백제 장님 원량의 딸 원홍장이 중국 진나라에 가서 황후가 되어 조국을 위해 원불로 관음성상을 조성하여 석선에 실어 보냈다는 관음사 연기설화에서 가져옴.

달에게 묻다*

늪가에서 혼자 어둡네

질척한 발 바동거리네

멀리, 깊어지는 한숨

바위에 걸터앉은 저 노승, 검지로

무얼 가리키며 낄낄 웃는데

벗겨진 더벅머리, 옷자락 밑 드러난 맨발,

손가락 따라 우러러보니

거기 있네, 그믐달, 그믐달이

*문월도問月圖 : 탄은 이정(1554-1626)의 선화禪畵, 간송미술관 소장.

바위에 새긴 노래
— 천전리 각석*

흥얼거림은 순간 날아가 버려

먼 훗날의 당신이 들을 순 없겠지

버들가지 나풀대는 고독의 답사 끝에 기록했어

얕고 깊은 이 지극한 아름다움을,

그 사투와 강물의 우울을,

첫 눈물, 태풍의 눈, 꽃잎의 마지막 춤을,

언제고 찾아올 먼먼 나의 후신後身이여

바위음반의 소리골**을 더듬어 이 노래를 불러 줄래?

*국보 제147호. 울주군 대곡천에 있는 석기시대 이후 조각·그림·명문 등이 새겨진 암각화로, 선사시대 기하학적 문양과 각종 동물상 및 인물상이 새겨져 있는 상부와 삼국 및 통일신라시대의 선각화와 명문이 있는 하부로 나누어짐.
**레코드판 표면의 미세한 홈.

벽화의 시간

동네 할머니들이 벽화 그리기에 도전 중이다
시골 담장 길에 줄지어 앉아
평생 농사짓고 자식 키우느라 담벼락 닮은 얼굴
마음속 부대끼는 바람을 붓에 듬뿍 찍는다
누가 더 우레에 시달렸나
누가 더 밤새우며 들창에 불 밝혔나
뒹구는 낙과落果들, 진창을 건너온 발자국들 무성해도
세상 그 무엇도 침범하지 못한 어머니의 등뼈
저, 부서질 듯한 슬픔의 잔금, 그 통증에 색칠을 한다
와 보라, 일찍이 집을 떠난 방랑자들이여

왜, 음악인가

자동차를 바꾸니, CD 넣을 자리가 없었다
생소한 블루투스, 먼 여름정원의 분수가 치솟지 못했다
방의 오디오도 고장났다 as를 미루며
인터넷 음악을 들으며 1년여, 애들이
아담한 오디오를 주문해 줬다 먼지 닦아 CD를 거니,
못 가는 옛집 뜨락에 서네
감나무꽃과 측백나무가 바람에 사르륵 흔들리는 품새
혈관 속 얼음덩이가 사르륵 녹아 물소리
한때는, 음악과 책들만 있으면 다였었는데,
어리석었다, 고 말 못하겠다

은근슬쩍

냇물 건너편 묵정밭에서 들리는 소음에 나가 보니
잡풀 잡목들을 치우고 땅을 고르고 있다
언젠가, 삽화插畵다리를 사이에 놓는 몽상을 했었다
이미 나는 집을 지은 지 오래고
집을 부수고 다시 짓거나 리모델링하고 싶더라도
새 땅에 새 집을 짓는 일이 더 쉽다는 것쯤은 안다
시행착오, 라는 말에 자매들 모두가 "나도, 나도,"
스무 살로 돌아간다면 시행착오 없이
마치, 제대로 된 집 한 채 지을 수 있을 것처럼,
반반해진 건너편 땅을 보러 간다 은근슬쩍

뜨거운 피 다 식었다

박새 한 마리가 단단한 가지 휘청이는 가지

오르락내리락, 숨차다

곤두박질친 뜨거운 피 다 식히고서야

새, 솟구친다

사라지는 이야기

나는 할머니를 닮았나 보다
자그맣고 갸름한 두상, 아담한 키, 조붓한 골반,
백년쯤 되었는데도 하얀 뼈가 실해 보이는
할머니, 와 아버지 이장移葬을 지켜보았었다
딸만 여덟을 두신 종손의 우리 아버지
생전에 부모님 산소 관리에, 당신과 아내의 가묘까지 마련해 두시고
계모, 친정으로 돌아왔다는 고모 한 분까지 모셨었다
돌아가신 지 30여 년 만에 외손外孫인 둘째언니 아들이 자신의 정원에
아버지와 할머니를 다시 모셔 왔다
1913년 전주예수병원까지 삼십 리 길을 할아버지가 손수레에 싣고 가셨으나
제왕절개수술에도 불구하고 아기와 더불어 돌아가신 할머니,
겨우 28세였다, 아버지 7세 때 일이다,

7세에 여의신 님, 날마다 그리워요, 라고 아버지는 시를 쓰셨다

14세에 여의신 님, 이틀마다 그리워요, 라고 둘째형부가 대구對句했다

젊은 시절, 나도 난산으로 한 아이를 잃었다

정월 찬바람에 둘째언니가 아버지 어머니 가묘 옆에 묻어 주었었다

이장 때 근처를 파헤쳐 보았지만 아무것도 못 찾았다는 언니, 의 배려로

그 흙 한줌을 한지에 싸 와서 아버지 옆구리에 넣어 주었다

둘째언니만 아는 맨 처음의 자리,

명절 무렵이나 그 아이 생각할 때면 짐작으로만 그 산야山野와

아버지 옆 한 줌 흙을 동시에 떠올린다

이젠 언니도 형부와 나란히 그 아들 정원에 묻혔다

슬픔을 함께한 어머니는 다섯째 딸, 일곱째 딸 내외와 함께

워싱턴 교회묘원에 계시고,

나와 둘째언니만 기억하는 일, 이젠 나만 안다

춘향일지春香日誌

이 춘일春日에 품은 꽃씨 하나를

비바람이 자꾸만 흔들어 대는구나

쑥대머리에 귀신형용*은 내 이상理想이 아니다

그대 또한 그 모습의 나를 찾진 말라

나는 타올랐다가 숨죽인 꽃,

나를 찾으려면 헤매어야 할 것이야

이 삭막한 황야를, 온 산을, 피맺힌 새소리를 따라

나는 사랑한 게 아니라 그냥 사랑이었으므로

 오로지, 망념을 태우는 불의 꽃씨이므로 피고 지고 피고 질뿐이야

 봄[春]날이 다 지나도 꺼질 줄 모르는 향香일 뿐이야

*판소리 『춘향가』 중 「옥중가」에서.

시詩 줄게, 꽃 다오

장바닥 한구석에 봄나물 몇 움큼씩 펼쳐 놓은 아낙처럼
아무것도 내 것이 아닌 허술한 좌판
부질없다, 쓰다 버린 이름 하나씩 덤으로 얹어 볼까
시詩나물, 여름비에 겁 없이 담을 넘고
가을비는 이파리 낱낱이 못 견디게 켜 대더니
총총 은구슬로 맺힌 겨울비를 보것네
치마 훌훌 털고 은빛 된 것들 거두어서
이제 초원에 돌아가야겠다 풀꽃들에게 눈 맞추며
"시詩 줄게, 꽃 다오, 시詩 줄게, 꽃 다오,"
노래나 불러야겠다

아다지오 칸타빌레

오늘밤

초승달 신발 신고 그대의 창가에 서겠어요

세상 끝까지, 시간의 처음까지 걷겠습니다

온몸 활로 켜면서 떠나겠어요

| 작품 해설 |

꽃의 원형을 찾아가는 유목의 시간

고명수(시인, 전 동원대 교수)

1. 꽃을 바치려는 이유

    시는 한 시인의 영혼의 구조와 정신의 역사를 보여 준다. 또한 시는 오랜 세월에 걸쳐서 형성된 시인의 인식과 지향을 반영한다. 정복선 시인에게 시 쓰기는 꽃을 찾아가는 일, 또는 꽃 피우는 일이다. 이때 그 꽃이란 시인의 지향성을 보여 주는 동시에 존재인식의 정점을 상징한다. 그것은 "들끓는 색채의 섬광"으로 표현된 온갖 번뇌를 벗어나 그 "마법의 잠"에서 깨어날 때 만날 수 있는 생의 절정으로서의 순수純粹를 표상한다. 따라서 정복선 시인에게 시란 가장 순수한 의식의 순간에 발견되는 "원형질의 향기와 말씀"(「시」)이다. 그것은 "가시넌출로 무작무작 뻗어 가는" 들장미 "로사 카니나Rosa Canina"의 본성에 닿아 있다. 이 들장미는 지구상에 원시로부터 자생해 온 단순하고 소박한 꽃이지만, 돌연변이나 인위적인 육종에 의해 진화되어 왔다. 시인은 다양하고 다채로운 현재의 모든 장미들의 원형으로 이 야생 들장미의 이미지를 추구한다.

> 그대 창밖에 노래를 심어요
> 어제는 은방울꽃 그제는 수선화 오늘은 또 범부채꽃
> 매일 다른 새소리로 노래합니다
> 원시림 속을 헤매며 먹을거리에 급급했을 때도
> 독사와 여우의 가시덤불 숲에서도
> 꽃을 맨 먼저 발견한 사람
> 옷자락에 캐고 담고 싸안고 온 사람
> 둥지에 남아 뒤척이는 자를 위하여
> 거듭거듭, 유목의 허술한 둘레마다 마음 심어 두고
> 비바람 속을 헤쳐 가는 한 사람이 보이시나요
> ―「헌화가獻花歌 2」

위의 시에서 보듯이 "원형질의 향기와 말씀"으로 노래 불러야 하는 존재로서 화자는 "창밖에 노래를 심"는 자이며, "매일 다른 새소리로 노래"하는 자여야 한다. 끊임없이 새로운 노래를 부르기 위해서는 의식이 한군데 머물러서는 안 되기 때문에 시인은 늘 새로운 인식과 지향을 멈추

지 말아야 한다. 따라서 시인은 현실적 삶의 시련과 고통 속에서도 본질적인 삶을 추구해야 하는 존재로서 "독사와 여우의 가시덤불 숲에서도 꽃을 맨 먼저 발견한 사람"인 것이다. 동시에 "비바람 속을 헤쳐 가는 한 사람"이어야 한다. 그것은 시 「수로水路, 수로修路」에서 보여 주듯, "절벽이든 못[池]이든 바다 속이든" 지나가야 하고, 심지어 "벼락과 해일의 길"이라도 가야만 하는 보다 능동적인 길이다. 그러므로 그 길은 기나긴 유목의 길인 동시에 가혹한 수행修行의 길이기도 하다. 시인이 이처럼 "거듭거듭, 유목의 허술한 둘레마다 마음 심어 두고" 길을 떠나 방황하는 이유는 바로 "둥지에 남아 뒤척이는 자를 위하여" 시들지 않는 신선한 노래를 들려주어야 하는 숙명을 지니고 있기 때문이다. 쳇바퀴처럼 반복되는 일상적 삶에 지친 사람들에게 새로운 인식의 새싹을 나누어 주는 자가 바로 시인이 아니던가!

> 꽃 피우기에 온 유목의 시간을 바쳤습니다
> 꽃을 바치기 위해 오늘은 가위를 들었지요
> 그대여, 어떤 노래를 원하시나요
> 벼랑 아래 동고동락으로 짙어진 뜸부기 울음, 어떠세요
> 휘파람새 소리 자욱한 높은 우듬지는요?
> 이 첩첩 기나긴 두루마리를

찬찬히 펼쳐 보고 감상해 주실래요
지상에 마지막 유르트를 짓고 있는 지금
—「수렵채집의 기나긴 꿈」

  유목의 존재로서 혹은 가혹한 수행자로서 시인은 긴 "유목의 시간"을 감내한다. 그것은 "꽃"을 피우기 위해서다. 그렇게 피운 "첩첩 기나긴 두루마리"에 적힌 언어의 꽃, 시의 꽃을 시인은 "그대"에게 바치려고 한다. 그 두루마리에는 어떤 노래가 적혀 있을까? "벼랑 아래 동고동락으로 짙어진 뜸부기 울음"과 같은 위태롭고 절망적인 상황에서 부른 슬픔의 노래도 있고, 나무의 "높은 우듬지"에 가득한 "휘파람새 소리"로 표상된 생의 환희와 기쁨을 노래한 것도 있을 터이다. 그러한 노래의 꽃으로 시인은 "지상에 마지막 유르트를 짓"고 수많은 그대들에게 노래를 들려주기를 원한다. 그래서 시인은 사물의 현상을 응시하며 그들의 울음소리를 들으며 "세필細筆"로 "수만 가닥의 울음소리"를 그린다.

대숲에 비바람 치고 뇌성 번개 인다
한 사람이 북극성을 응시하고 있다
어디선가 가지들 함부로 찢어지고 텃새 떼 달아난다
한 사람이 듣고 있다

세필細筆에 어둠을 찍어 수만 가닥의 울음소리를 그린다
뿔뿔이 흩어지고 일어서는 소리 끝자락마다
숨차 오르는 묵향 빛, 시위가 팽팽히 당겨져 있다
언제고 허깨비 과녁을 부수어 버릴,
투두둑, 몇 세기의 서릿발을 거침없이 건너와서
댓잎, 이슬, 을 꿰뚫는 눈빛!

―「죽로차竹露茶 - 윤두서 자화상」

"북극성을 응시"하는 선비의 눈빛은 "댓잎"도 "이슬"도 꿰뚫으며 안광이 지배를 철하듯이 세상과 사물의 울음소리를 기록한다. 시대의 어둠을 직관하는 선비의 눈빛은 "몇 세기의 서릿발을 거침없이 건너와서" 강렬하다. 그것은 "언제고 허깨비 과녁을 부수어 버릴" 만큼 "시위가 팽팽히 당겨져 있다." 이는 도저한 정신의 결기와 예술의 영원성을 표상한다. 시인은 바로 이러한 응시와 결기의 시선으로 사물과 세상의 어둠을 바라보며 그것을 생생히 그리고자 한다. 그리하여 그것을 세상에 전하고자 하는 것이다. 이를 위해 시인은 오늘도 다음과 같이 다짐을 한다.

오늘밤

초승달 신발 신고 그대의 창가에 서겠어요

세상 끝까지, 시간의 처음까지 걷겠습니다

온몸 활로 켜면서 떠나겠어요
　　　　　　　　　　—「아다지오 칸타빌레」

　위의 시에서 보듯이 시의 화자는 초승달 같은 신발을 신고 서두르지 않고 천천히 노래하듯이 걸어서 "그대의 창가"에 서겠다고 말한다. "온몸을 활로 켜"면서 "세상 끝까지, 시간의 처음까지" 가 보겠다고 다짐을 한다. 즉 공간적인 극한까지, 시간의 시원까지 탐구하며 온몸을 다해 나아가겠다는 결심을 피력하고 있다.

2. 누구에게 꽃을 바치려고 하는가?

　인간의 삶은 끝나지 않는 '아라비안나이트'와 같다. "아린 사랑과 모험의 스토리"(「제망매가 1」) 혹은 갑자기 닥쳐오는 슬픔의 이야기, 살기 위해 만들어 내야 하는 수많은 이야기의 집적체가 인생이다. 그러므로 자아는 이야기 덩어리이며, '내가 나에게 한 이야기'의 집적물이라고 할 수가 있다. 의식은 경험을 매순간 쉬지 않고 편집하고 재구성해서 하나의 이야기를 만들어 낸다. 따라서 모든 기억은 이러한 이야기로 구성되어 있다. 이 기억이 모여서 자아를 만들어 내는 것이다.

삶의 기억들을 바탕으로 통찰해 볼 때 인생의 본질은 고통이다. 오래전에 이를 설파한 이는 붓다이다. 이 고통은 삶의 근원적인 무상성에서 온다. 즉 모든 것이 변해 가는 괴로움이다. 태어나는 것도 괴로움이요, 늙어 가는 괴로움, 병들어 아픈 괴로움에 필멸의 존재로서 인간이 지닌 숙명 중의 하나인 죽어 가는 괴로움이다. 이에 더해 구해도 얻지 못하는 괴로움에 사랑하지만 이별해야 하는 괴로움, 원망하고 증오하지만 만나야 하는 괴로움, 그리고 이 모든 것의 바탕이 되는 육체가 지닌 인간으로서의 갖가지 괴로움에 둘러싸인 것이 우리네 인생이다.

> 배를 탄 사람아
> 그대가 떠난 후에야
> 남겨진 자목련 꽃잎들이 일제히 공중을 향해
> 산불처럼 타오르는 마지막 불꽃놀이임을 알았네
> 꺼져도 꺼지지 않는 사랑임을 알았네
> 그대는 다시 오지 못하므로
> 내, 그대 떠나간 이름 없는 항구에 가야 하리

> 황도 12궁 별자리들 사이로 노 저어 가리
> ―「제망매가祭亡妹歌 2」

위의 시는 신라시대의 향가인 월명사의 「제망매가」를 차용하여 혈육을 잃은 슬픔을 추모한다. 곁에 있을 때는 잘 알지 못했던 감정들이 막상 떠나고 나면 그 사람이 "산불처럼 타오르는" 불꽃처럼 살아 보려고 얼마나 애썼는지, 그가 얼마나 치열한 사랑의 존재였는지를 깨닫게 된다. 필멸의 존재, 한번 가면 다시 돌아오지 못하는 존재이기에 슬픔은 배가된다. 특히 자연의 섭리에 따라 피어나는 나무나 꽃들을 보면 더욱 사무치게 떠난 사람이 생각나기 마련이다.

> 당신이 휘문이해서 나누어 준 자목련은
> 눈발 속에서 두렵게 생사로生死路를 건너가고 있는데요
> 그날 아침 통화에서 나는 간다, 라는 말도 안 했지요!
> 세찬 바람에 뚝, 떨어진 이 천길 적막,
> 당신의 아라비안나이트 속에서는 아직도
> 아린 사랑과 모험의 스토리가 끝나지 않았을 텐데요
> 어쩝니까, 한 가지에 나서 우두망찰 허공을 헤집다니요
> 매달 보름달과 해후하듯이
> 아으, 그곳에서 다시 만나 익숙한 농담에 다시 웃으리

한 가지에 나란히 맺힌 저 꽃눈들처럼!
                        —「제망매가 1」

 흔히 올 때는 순서가 있지만, 가는 것은 순서가 없다는 말이 있다. 이별은 창졸간에 벌어지는 사건이다. 조금 전까지도 통화했던 사람이 갑자기 떠나 버린다. 이때 화자가 느끼는 감정은 바로 "세찬 바람에 뚝, 떨어진 이 천길 적막"의 감정일 것이다.
 위의 시에서 화자는 신라시대 향가의 형식과 내용을 차용하여 인사도 없이 갑자기 떠난 혈육을 나무라며 추모의 노래를 부른다. "한 가지에 나란히 맺힌 저 꽃눈들처럼" 언젠가 "그곳에서 다시 만나 익숙한 농담에 다시 웃"을 그날을 기다리며 자신의 슬픔을 애도하고 위무한다. 이처럼 정 들었던 사람이나 사물과의 이별이란 언제나 다음의 시에서 보듯이 삶의 균형을 무너뜨린다.

 쨍, 달항아리 하나 백척간두에서 미끄러져 산산조각 났다

 달콤새큼 짭짜름 향긋함, 만년 밀물썰물 배인 한 사람이

 띠풀 도롱이 걸치고 총총 떠나간다

청계천이 휘이~휙 휘파람 불며 따라가 버렸다
— 「달항아리 깨지다」

사람이나 사물이나 심지어 하나의 조직도 항상성homeostasis을 유지하려는 본성이 있다. 그것이 깨지면 최대한 빠른 시간 안에 평형을 회복하려고 한다. 평형이 깨어진 그 조각들엔 삶의 신산辛酸과 고통과 추억이 배어 있다. 이별은 바로 자연의 섭리에 따라 고통과 추억을 남긴 채 사라져 가는 것이다. 이러한 상실의 충격과 아픔은 개인적 차원에 국한된 것이 아니다. 그것은 국가적 차원을 넘어 전 지구적 차원에서도 일어난다. 현대 사회에 와서 자주 겪게 되는 사회적 재난과 참사에서도 마찬가지다.

시인은 이러한 인간사의 괴로움을 아름다운 언어로 승화시켜 노래 부름으로써 사람의 아픔을 어루만지는 사제司祭들이다. 지적 오만함으로 인해 범죄자가 된 라스콜리니코프가 동생들을 위해 몸을 파는 소녀의 권유에 따라 무릎을 꿇고 땅에다 키스하는 장면은 도스토옙스키의 소설 『죄와 벌』의 핵심 장면의 하나인데, 이는 한 명의 죄인이 인류의 고통 앞에 무릎 꿇는 모습이다. 이러한 관점에서 보면 시인은 곡비哭婢이기도 하다. 인류의 슬픔을 대신 울어 주는 존재이기 때문이다.

아직 8월이 다 가지 않았는데
가을바람이 물소리 내며 몰려옵니다
뉴욕세계무역센터 두 동이 서 있던 자리에 건축된
911 메모리얼 파크 pool 두 곳
네모난 구멍 속으로 떨어져 내리는
쇼팽의 피아노협주곡 1번 2악장 Romance
폭포수 소리가 다른 차원으로 파동 쳐 나가는 동안
울컥, 심연深淵은 깊어져 갑니다
　　　　　　　─「블랙홀에 떨어지는 물소리」

  위의 시에서 화자는 이념의 차이로 인해 벌어진 인류의 비극의 현장에 세워진 "911 메모리얼 파크"에서 네모난 구멍 속으로 떨어져 내리는 물소리를 들으며 깊은 슬픔의 "심연"에 빠져든다. 그 배경으로 흐르는 곡은 쇼팽이 '낭만적이고 조용하며, 반쯤 우울한 마음으로 즐거웠던 무수한 추억들을 상기시키는 장소를 바라보는 듯한' 심정으로 작곡했다는 "쇼팽의 피아노협주곡 1번 2악장 Romance"이다. 지극한 슬픔이 지극한 아름다움의 추억과 대비되는, 추모의 분위기에 제격인 음악이라 할 만하다.

떠나가십니까 그대
유성우 무장무장 떨어지는 봄밤

    산국 꺾어 바친 흥수아이의 엄마도
    지구 구석구석 뒤틀린 지층에 묻힌 젊은 핏자국도
    맹골수도에 휩쓸린 봉오리들과
    좁은 골목길에 흩어진 청춘의 청자 사금파리들
    다뉴브강가에 벗어 둔 신발들
    떠도는 난민들도
    어찌할꼬, 꽃잎들 저리 떠내려갔느니
    언제 공후箜篌를 타며 돌아오시렵니까, 님아

                  — 「공무도하가公無渡河歌」

  위의 시는 국내에서 벌어진 대표적 사회적 재난인 세월호 참사와 이태원 참사, 다뉴브강의 참사, 그리고 서로 다른 이념에서 파생되는 전쟁으로 인한 수많은 청춘들의 희생과 정처 없이 떠도는 난민들의 고통과 슬픔을 애도한다. 목숨의 덧없음을 노래하되 그것을 우리 전통서정의 원류에 자리한 고조선시대의 서정시 「공무도하가」에 차용하여 노래함으로써 전통서정의 맥락을 현대적으로 계승하려는 시도를 보여 주고 있는 점에서 시인의 시적 형식에 대한 탐구의지를 반영한다.

  이처럼 시인은 유목의 길에서 만나는 온갖 시련의 수행을 견디며, 매일 새로운 노래를 세상의 모든 "그대"들에게 들려주고자 한다. 변질되지 않은 원형의 꽃을 찾아내고,

가꾸고, 피우고, 바치려는 일련의 제의祭儀의 과정이라 하겠다.

3. 인식의 전환과 평상심의 도

불교에서 일컫는 개념으로서 특별한 동요가 없이 평안한 심리상태를 평상심平常心이라 한다. 이러한 평상심은 조작이 없고, 옳고 그름이 없으며, 버리고 취함이 없으며, 단멸됨도 영원함도 없으며, 범부도 성인도 없는[謂平常心 無造作 無是非 無取捨 無斷常 無凡無聖] 상태를 일컫는데 우리가 평상시 생각하며 움직이는 이 마음, 즉 부동의 진여심을 가리킨다. 행복한 병실생활을 보여 주는 다음의 시는 그러한 평상심을 피력하고 있는 작품이라 볼 수 있을 것이다.

> 이곳이 도원桃源? 아무렴 도원이지
> 벼르고 별러서 온 곳이니,
> 밥 지을 일 없이 간호사실에 주문한 대로 식사가 나오고
> 환자와 더불어 온종일 뒹굴뒹굴
> 어디 갈 필요도 없고 갈 생각도 없고

배고프면 먹고 졸리면 자는 선사禪師처럼,
흰 담벼락은 사뭇 아스라해서 사이프러스 나무들
사이로 쏟아지는 햇살 한 줌에
가져온 시집이나 산문집 읽고
핸드폰 뉴스, 카톡, 사진, 멜론이나 검색하고

여기저기, 분수 흩어지는 못에 대리석 연꽃수반에
마음 밑바닥의 상심 회심 여여심如如心을 꺼내어
던진다, 하나, 하나, 동전들처럼
아무리 던져도 소용돌이치며 가라앉는다
복사꽃은 그림자도 떠오르지 않고,

하루는 저리 투박하고
벽을 둘러싼 덩굴은 무진한데
흠모했던 그 많은 달빛들은 삭은 명주실이다,
지루한 표류도 이내 끝날 때가 온다
지나가고 나면 울새울음만 귓가에 남겠지

수반에 초승달이 빠져 헤엄칠 무렵
마침내 손끝에 꽃잎 한 점 밀려온다면, 그곳이 도원,
아무 곳이나 다 도원이야
　　　　　　　　　　　　　—「아무 곳이나 다 도원」

병원에 입원한다는 것, 그래서 환자 곁에서 생활을 한다는 것은 매우 불편하고 부자유스런 상황이라 생각할 수 있지만, 이 생각을 바꾸면 이곳은 "배고프면 먹고 졸리면 자는 선사처럼" 자질구레한 걱정근심을 하지 않아도 되는 무릉도원일 수가 있는 것이다. 오히려 자기를 성찰하고 삶의 내밀한 실체를 속속들이 누릴 수 있는 절호의 기회가 되는 것이다.

다음의 시는 탄은 이정의 선화禪畵인 「문월도問月圖」를 매개로 한 작품이다.

> 늪가에서 혼자 어둡네
> 질척한 발 바둥거리네
> 멀리, 깊어지는 한숨
> 바위에 걸터앉은 저 노승, 검지로
> 무얼 가리키며 낄낄 웃는데
> 벗겨진 더벅머리, 옷자락 밑 드러난 맨발,
> 손가락 따라 우러러보니
> 거기 있네, 그믐달, 그믐달이
>
> ―「달에게 묻다」

탄은의 이 그림은 삶의 잡답과 혼미를 벗어난 탈속의 자유인을 보여 준다. 언제나 여여如如한 진여의 마음, 즉 평상심을 지니면 "늪가에서 혼자" 어두워지는 절망도, 삶의 질곡에 빠져 바동거리는 일도, "멀리, 깊어지는 한숨"도 다 부질없는 것인데, 뭘 그리 동동거리며 사느냐고 "낄낄 웃는" 노승의 그림을 통해 삶의 진리가 멀리 있지 않음을 보여 주고 있다.

> 박새 한 마리가 단단한 가지 휘청이는 가지
>
> 오르락내리락, 숨차다
>
> 곤두박질친 뜨거운 피 다 식히고서야
>
> 새, 솟구친다
> ―「뜨거운 피 다 식었다」

그러나 그러한 무애無碍와 대자유의 세계로 비상하기 위해서는 "곤두박질"치는 "뜨거운 피"를 다 식히고서야 가능한 일이다. 위의 시에서처럼 하늘로 솟구치는 새의 비상은 집착과 번뇌의 뜨거운 피를 식혔을 때 가능한 일인 것이다.

4. 삶의 풍요와 인문의 향기

인문학은 나와 세계를 총체적으로 보는 문학, 역사, 철학을 하나로 아우르는 시선을 말한다. '사람과 문화, 그것을 둘러싼 우주와 생명 세계, 그 현상과 본질을 깊이 보게' 하는 그것은 눈앞의 필요와 욕망을 넘어서서 근원을 꿰뚫어 보게 한다. 인문학은 본질에서 삶을 살찌우고 풍요롭게 만들기 때문이다. 무엇보다도 '인문학의 큰 미덕은 창의성, 통찰력, 소통의 힘을 키워 준다는 점이다. 현실이 던적스럽고 갈 길이 흐릿할 때 인문학은 필요'(장석주, 『일상의 인문학』)한 것이다.

정복선의 시에는 인문학의 향기가 흐른다. 정복선 시인 자체가 인문학을 아끼는 사람으로 그의 시는 '문자향서권기文字香書卷氣'의 전통과 서구의 인문학적 교양에 기반을 두고 있다.

웬 향기지?
아하 냇가에 늘어선 헛개나무들
올망졸망 희푸른 꽃들과 엉킨 작은 꿀벌 떼들의
잉잉대는 소리
멀리 이니스프리 섬을 그립게 하네

> 좋은 향은 쉬이 생기는 게 아니고
> 밀물 썰물과 같아서
> 어떤 사람과 잔盞에선
> 잉잉잉, 작은 벌 떼들의 군무群舞소리가 물결친다
> 묵은, 새로운 이야기가,
> ―「향기를 품는 잔 – 문향배聞香杯」

 위의 시에서 화자는 "문향배"에 한 잔의 차를 마시며 낭만적 상상을 전개한다. 그 풍경은 매우 평화로우면서도 전원적인 풍경으로 미지의 세계에 대한 동경을 촉발시킨다. "좋은 향은 쉬이 생기는 게 아니"므로 그것은 인문학적 교양의 경우처럼 오랜 훈습과 온축을 통해 습득되어 자연스럽게 스며 나오는 것이다. 그것은 오래 "묵은, 새로운 이야기"로서 "밀물 썰물"처럼 자연스럽게 묻어나는 인문의 향기이다.

> 우리, 하얀 꽃그늘에서 만날까요
> 숨찬 향기로 물드는 저녁 다섯 시
> 아직 피어 있는 꽃송이들보다 더 간절한
> 뚝뚝 떨어지는 꽃송이들의 헌정獻呈의 노래
> 한 음보씩 베끼어 악보를 그릴까요
> 헤어지면 다신 만날 수 없는 두물머리 너머

삐피이~ 첫새벽에 우는 풀벌레처럼

어르고 달랜 질펀한 이야기를 하얀 잔盞에 띄워 볼까요

— 「노각나무 꽃시회詩會」

　조선시대의 양반 사대부 계층 다음으로 일반서민 사이의 중간계층으로서 주로 서울에 거주하는 중인中人·서리胥吏 등을 지칭하는 말이 여항인이다. 이들 중인들이 의학·역학·산학·율학·악학 등 소위 잡학雜學에 종사하는 전문지식인을 총칭하는 말이고, 서리는 각 관서에 소속된 하부의 기능직을 담당한 자들이다. 이들은 신분상의 제약 때문에 관계官界 진출이 엄격히 통제되어 있었지만, 상당한 교양을 갖춘 지식인들이었다. 조선조 후기 상업과 수공업의 발달로 인하여 도시로서의 서울이 크게 활기를 띠게 되자, 상인수공업자들과 일정한 연계를 맺고 있던 이들 여항인의 사회적 경제적 지위가 향상되었고, 이러한 경제적 안정과 생활의 여유는 이들의 지식수준을 향상시켰다. 그러나 신분적인 제약이 이들로 하여금 지식의 추구가 무의미함을 느끼게 하였고, 따라서 문학적 취미에 관심을 가지게 된 것으로 보인다(송재소,『실학파의 시와 여항인의 시』).

　이렇게 문예방면에 눈길을 돌린 이들은 그들의 거주지를 중심으로 모여서 시회詩會를 열어 풍류를 즐겼다고 한다. 이것이 급기야는 송석원시사, 칠송정시사와 같은 대규모 시사詩社의 결성에 이르렀고, 백전白戰과 같은 대규모 시회를 열기도 했다. 안타깝게도 이러한 전통이 현대로 잘 이어지지 않다가 현대 문학에 와서는 동인 활동으로 이어지기도 하였다. 위의 시는 바로 그러한 멋과 운치의 전통 시 문화를 계승하고자 한 시인의 소망을 그대로 보여 준다. 저마다 시를 한 편씩 써서 모인 다음, 한 잔 술을 나누며 "어르고 달랜 질펀한 이야기"를 나누고 싶은 마음을 피력하는 것이다.

> 동네 할머니들이 벽화 그리기에 도전 중이다
> 시골 담장 길에 줄지어 앉아
> 평생 농사짓고 자식 키우느라 담벼락 닮은 얼굴
> 마음속 부대끼는 바람을 붓에 듬뿍 찍는다
> 누가 더 우레에 시달렸나
> 누가 더 밤새우며 들창에 불 밝혔나
> 뒹구는 낙과落果들, 진창을 건너온 발자국들 무성해도
> 세상 그 무엇도 침범하지 못한 어머니의 등뼈
> 저, 부서질 듯한 슬픔의 잔금, 그 통증에 색칠을 한다
> 와 보라, 일찍이 집을 떠난 방랑자들이여
> ―「벽화의 시간」

위의 시는 "동네 할머니들"의 "벽화 그리기"라는 소재를

통해 또 다른 인문의 향기를 제시한다. 수많은 "우레"에 시달리고 "들창"에 불 밝히며 잠 못 드는 시간들을 견뎌 오면서도 자신을 굳건하게 지켜 온 "어머니의 등뼈"가 그려 낸 벽화들에는 그들의 "부서질 듯한 슬픔의 잔금, 그 통증"이 서려 있다. 그러한 슬픔과 고통에 색칠을 함으로써 스스로를 치유하는 동네 할머니들은 이제 "집 떠난 방랑자"들에게 여기에 와 보라고 권유하고 있는 것이다. 이는 바로 예술의 기능과 본질을 잘 보여 주고 있다.

5. 시의 형식적인 측면에서의 실험과 도전

폭넓은 인문학적 교양을 바탕으로 전개되는 정복선의 시에는 인문학의 향기가 흐른다. "문향배"에 한 잔의 차를 따라 마시며 낭만적 상상을 전개하고, 한 잔의 술을 앞에 놓고 "어르고 달랜 질펀한 이야기"를 나누고 싶은 마음을 피력한 「노각나무 꽃시회詩會」는 그가 꿈꾸는 인문학적 풍요의 상징이 된다. 나아가 "동네 할머니"들의 "벽화 그리기"라는 모티프를 통해서 삶의 고통과 슬픔을 치유하는 예술의 효능과 본질을 제시하기도 한다.

또한, 응시와 직관의 시선으로 사물과 세상의 어둠을 생생히 그리고자 하는 시인의 결기는 온몸을 다해 시간과 공간의 극한을 향해 나아간다. 이러한 노력의 결실인 꽃을 시인은 필멸의 존재인 동시에 무상한 삶의 본질적 고통, 그리고 각종 사회적 재난과 참사로 희생되는 인류의 슬픔과 고통 앞에 바치고자 한다. "뜨거운 피"를 식히고 인식의 전환을 통해 평상심의 도에 이름으로써 탈속의 자유를 지향하는 시인은 삶의 진리가 결코 먼 곳에 있지 않음을 보여준다.

정복선의 시는 생의 절정으로서의 순수를 지향한다. 그의 시는 가장 순수한 의식의 순간에 발견되는 "원형질의 향기와 말씀"이며, 기나긴 유목의 길을 떠나서 많은 시련과 고통을 극복하는 가혹한 수행을 감내함으로써 매일 새로운 노래-변주變奏-를 들려주고자 한다. 그것은 원형의 꽃을 찾아내고, 가꾸고, 피우고, 바치려는 일련의 제의祭儀의 과정이다. 나아가, 시인은 안식과 휴식을 상징하는 유목의 끝에서도 그 경계 너머, "청평의 저쪽"을 바라보고 있다.

향가는 향찰로 표기된 시가 형식으로 신라 때부터 고려 초기까지 존재하였던 우리나라 고유의 정형시로서 불교, 민요, 주술 등의 주제로, 찬가, 기원, 주사, 교훈, 서정 등의 내용을 포함한다. 『삼국유사』에는 가창적 성격의 향가와 그것과 연결되어 있는 설화가 기록되어 있다. 현재 25수의 향가가 남아 있어 전통의 시 문화를 알 수 있는 귀중한 자료가 되고 있다. 향가의 형식에는 4구체, 8구체, 10구체가 있었는데, 10구체가 가장 대표적인 형식이라고 할 수 있다. 향가의 현대화를 추구하는 〈현대향가〉 동인의 일원으로 참여하고 있는 정복선 시인은 이번 시집에서도 4행시, 8행시, 10행시 등 나름대로 의도적인 형식 실험을 보여 주고 있다.

   시의 형식적 측면에서 향가를 현대적으로 변용시키려는 노력은 시조와는 다른 새로운 전통시가 형식이 어떻게 전개될지에 대한 기대를 갖게 한다. 정복선의 시가 더욱 정교하고 깊어져서 과거를 잊고 사는 현대인들에게 삶의 본질과 전통 서정을 일깨워 주는 향기로운 서정시를 보여 주기를 기대한다.

이 책은 서울특별시, 서울문화재단의 지원을 받아 제작되었습니다.

변주, 청평의 저쪽

초판 1쇄 발행 | 2023년 12월 20일

지은이 | 정복선
발행인 | 장문정
발행처 | 문예바다
        등록번호 | 105-03-77241
        주소 | 서울 종로구 삼일대로 30길, 21(종로오피스텔) 611호
        전화 02) 744-2208
        메일 qmyes@naver.com

ⓒ 정복선, 2023. Printed in Seoul, Korea
   ISBN 979-11-6115-221-9 (03810)

* 이 책의 판권은 지은이와 출판사에 있습니다.
* 양측의 서면 동의 없는 무단복제를 금합니다.